Je mange les desserts de la nature

Sans sucre
Sans oeuf
Sans produits laitiers

Desserts de la page couverture:

Gelée d'extra-bricot
Muffins aux fraises, framboises et bleuets
Jus mousseux au melon rose
Friandises croustillantes au caroube
Passion à la framboise

Photographe

Daniel Lamont

Logo

Paul Rolland

Équipe de révision

Nancy Coulombe Doucet, Cécile Gladu,
Denise Hammond, Jean-François Gariépy, François Doucet

Correction

Sylvain Archambault

"Procédé de reliure qui
vous permet de consulter
ce livre sans avoir à le
tenir pour le garder
ouvert".

Dépôt légal: octobre 1995
Bibliothèque Nationale du Québec
Bibliothèque Nationale du Canada
ISBN 2-9803875-9-2
Première édition
Publiée par:
Les Éditions L'Art de s'Apprivoiser
172, Des Censitaires
Varennes, Qc
J3X 2C5
Téléphone : 514-929-0296
Télécopieur : 514-929-0220

Je mange les desserts de la nature

Sans sucre
Sans oeuf
Sans produits laitiers

TABLE DES MATIÈRES

MES DESSERTS

TABLE DES MATIÈRES

Remerciements

À mes nombreux amis, une reconnaissance profonde et sincère. Leur enthousiasme et leur joie à découvrir les bienfaits de l'alimentation naturelle pour leur santé, et le partage de leurs découvertes, m'aident grandement à poursuivre dans la voie que je me suis tracée : semer avec amour les cadeaux de la nature.

Enfin, un merci chaleureux à ceux et celles qui m'ont aidée dans la réalisation de ce livre, dont Nancy Coulombe Doucet, François Doucet, Cécile Gladu et Denise Hammond, pour leur remarquable disponibilité et tout l'amour qu'ils me témoignent.

Une transformation merveilleuse
en obéissant aux lois de la nature

Obéir aux lois de la nature crée une transition agréable, harmonieuse, entre une santé fragile et une forme physique resplendissante. C'est ce qui m'a aidée à retrouver la santé d'une manière qui, aujourd'hui encore, m'étonne.

Dans le passé, ma passion pour le sucre m'a amenée à expérimenter d'innombrables desserts. Elle a même fait de moi une véritable droguée. Maintenant délivrée de cette dépendance, j'éprouve une joie très grande à partager avec vous mes découvertes concernant les sucres naturels et, par ce partage, à exprimer ma reconnaissance envers la nature.

Les sucres naturels

Des fruits en abondance, des céréales, des noix, voilà tout ce dont nous avons besoin pour créer de délicieux desserts. Mais une alimentation saine et naturelle permet surtout une régénération du métabolisme, pour le plus grand bien de notre corps.

Essentiellement, pour bien me nourrir, j'ai remplacé les sucres par les fruits et leurs dérivés, les produits laitiers par le tofu en crème et le lait de soya, et les oeufs par les bananes et les noix.

Vers ma guérison

À l'instar de bien des gens, mon sevrage du sucre a exigé un effort soutenu. En effet, la consommation de sucre provoque une très forte dépendance, et j'en souffrais sans même m'en rendre compte. Le sucre... c'était « normal », ça faisait partie du quotidien. Et pourtant, c'est une drogue ! Tout comme peuvent l'être l'alcool, la cigarette et le café.

Lorsque j'ai appris que je souffrais d'hypoglycémie et d'arthrite, et que, en plus, mon taux de cholestérol était trop élevé, une décision s'imposait : je devais changer mon alimentation. Ce que j'ai fait! Un choix heureux aux résultats bénéfiques.

Je partage mes découvertes

Durant mes cours, les personnes me posent souvent la même question : « Comment faire pour cesser de manger du sucre ? Vous savez, un bon petit dessert après les repas... » Ce livre de recettes répond à cette question, sans priver quiconque de dessert. On peut facilement créer des desserts sains, agréables à manger, et qui ne laissent aucun remords sur la conscience !

Ce qui est merveilleux, c'est que l'on goûte la différence et que le corps en ressent les bienfaits. Souvent, bien des petits malaises disparaissent, laissant place à une énergie nouvelle.

Quand le goût et le besoin d'un bon dessert se font sentir, j'éprouve toujours une grande joie et une intense satisfaction à m'offrir ce cadeau de la nature, elle qui sait se montrer si généreuse. Je vous souhaite un même bonheur.

Pour une transition agréable

Utilisant uniquement des végétaux, je cuisine avec amour et simplicité de délicieux desserts. Pourquoi uniquement des végétaux?

Pour déguster un dessert qui est léger, permettant du même coup une bien meilleure digestion, sans jamais sacrifier au goût. Bien au contraire, toute une gamme de saveurs se laisse soudain apprivoiser pour notre plus grande gourmandise. Je tente donc toujours de créer des desserts qui ne soient ni trop gras ni trop compliqués.

Pour remplacer les sucres concentrés tels que le sucre blanc, la cassonade, le sirop d'érable, le miel, etc., je vous propose des sucres entièrement naturels. Ils fournissent un bon apport énergétique, ils sont d'un goût agréable et ils chassent la culpabilité de manger un « bon dessert »!

Je suis très heureuse à la pensée de vous faire profiter de ma longue expérience en cuisine santé, car je suis convaincue qu'un corps en santé signifie amour, harmonie et paix dans nos vies.

Ma principale motivation en écrivant ce livre était de présenter des desserts qui répondent à un objectif bien précis : le mieux-être. Le choix des recettes reflète donc cette préoccupation. Dans ces pages, vous trouverez des desserts sans sucre. Vous pourrez ainsi les déguster sans craindre de subir les effets négatifs rattachés à la consommation de ce produit. C'est avec joie que je vous offre cet outil fort simple, gage d'une heureuse transition.

Les fruits frais et séchés ainsi que les jus de fruits sont à la base des desserts proposés dans ce livre. Ces recettes constituent donc un excellent compromis : sans se priver de dessert, je ne consomme plus de sucres néfastes. Cependant, la sagesse est toujours de mise. Il s'agit de parvenir, comme dans tous les domaines de la vie d'ailleurs, à un bon équilibre.

Dans la première partie de cet ouvrage, je vous livre mon témoignage. Il explique mon intoxication par les sucres, la détérioration de mon état de santé, puis ma guérison par la découverte de l'alimentation naturelle. Aujourd'hui, mon plus grand bonheur est de vous transmettre tous les bienfaits d'une telle alimentation. Cependant, pour faire le choix crucial de bien vous alimenter, vous devez d'abord le vouloir, et ensuite passer à l'action. Mais c'est un choix merveilleux, qui ouvre la voie à une qualité de vie supérieure.

Je vous invite donc, dans la seconde partie, à vivre une douce aventure par la découverte d'une grande variété de saveurs, de couleurs et de textures.

Avec amour, Colombe

Ça ne fait pas mourir, sauf que...
adieu joie de vivre

Que de souffrances inutiles ! La consommation de sucre et de farine raffinés constitue un important facteur de déminéralisation. Je le sais, j'en ai subi les conséquences.

L'hypoglycémie se manifeste par de nombreux symptômes. D'abord, on note le manque d'énergie, l'insomnie, les migraines, les vertiges, le manque de concentration et les défaillances de la mémoire. À ces inconforts physiques s'ajoutent l'absence d'enthousiasme et un désintérêt pour la vie : aucun but ne semble en mesure de nous stimuler. L'irritabilité, une fatigue constante et les allergies alimentaires deviennent des soucis quotidiens.

Plusieurs années se sont écoulées avant que je n'apprenne que je souffrais d'hypoglycémie. Tous les jours, mon organisme demandait sa quantité de desserts très sucrés : j'étais devenue dépendante et esclave du sucre. Je voyais ma santé décliner un peu plus à toutes les semaines. L'examen fait à ma demande au médecin a confirmé mon triste état.

Que faire ?

Il me fallait couper ma consommation de sucre, de pâtes alimentaires et de farine raffinés. Imaginez... tout ce que j'aimais ! Adepte de la phytothérapie, prenant des remèdes à base de plantes, j'étais déjà sensibilisée aux bienfaits des produits naturels. C'est alors que ma vie a pris un tournant décisif : désirant prendre tous les moyens pour améliorer ma santé, j'ai mis toute ma confiance dans la nature. Je croyais qu'en me nourrissant d'une façon simple, avec des aliments complets, qu'en ne mangeant rien de chimique et qu'en ne consommant aucun agent de conservation, cela m'aiderait.

Mettre ces préceptes en pratique était une chose, persévérer en fut une autre. En effet, comme il m'a fallu des années pour, inconsciemment, me détruire, quelques années ont aussi été nécessaires avant que je ressente les bienfaits de ma nouvelle alimentation et que ma guérison soit complète. Le secret de cette guérison tient en deux mots: **patience** et **persévérance**. Je n'ai laissé aucun obstacle, ni aucune tentation entraver sérieusement ma marche vers ma guérison. Rien ne m'a arrêtée !

Bien entendu, le soin que je prenais à bien me nourrir devait trouver un écho dans les soins que je portais à mon corps. À la même époque, je me suis mise à l'exercice physique. Mon expérience m'enseigne aujourd'hui qu'il fut tout aussi important que l'alimentation dans ma renaissance. L'exercice m'a permis de ressentir les bienfaits de la désintoxication directement dans mon corps qui revivait. Quel bonheur !

La musique douce, la détente, les promenades dans la nature, les lectures positives, la présence de bons amis, autant de précieux éléments qui m'ont aussi aidée. Je me suis sentie renaître. Aujourd'hui encore, ils me sont bien précieux.

Cela fait déjà plusieurs années que j'obéis aux lois de la nature. Mon hypoglycémie est guérie et je suis toujours en excellente forme. Je poursuis mon programme de santé par choix, pour le bien-être qu'il me procure, mais surtout par amour et reconnaissance d'une si grande réussite.

Avec une joie sans cesse renouvelée, cette guérison, cette renaissance, je la partage maintenant avec vous, par le biais de ces quelques pages ainsi que par mes nombreux cours et conférences à travers la province. J'ai observé chez plusieurs personnes la même transformation qui m'a fait revivre, ce qui veut dire que bien s'alimenter est un choix judicieux, mais surtout heureux. Je crois que nous méritons tous la santé, cet inestimable cadeau de la vie.

Ce que j'ai appris sur l'hypoglycémie

L'hypoglycémie est caractérisée par un taux insuffisant de glucose, c'est-à-dire de sucre, dans le sang. Le corps a besoin de ce glucose pour bien fonctionner et assurer sa survie. Le cerveau a aussi besoin de glucose, sinon rien ne va plus, c'est la confusion !

Plusieurs aliments sont transformés en glucose par l'organisme, lequel est ensuite distribué par l'appareil circulatoire partout dans le corps pour que ce dernier puisse en bénéficier. Le glucose est un élément vital pour l'être humain. Mais ce qu'il faut surtout savoir, c'est que, pour bien fonctionner, le processus de transformation et de distribution doit se faire lentement.

Certains aliments raffinés, comme la farine blanche, le sucre blanc, l'alcool, agissent trop vite : leur rapide transformation en glucose crée un déséquilibre dans le sang. D'autres produits ont le même effet : bonbons, chocolat, sirops, etc. Cette montée de sucre dans le sang a pour conséquence un apport énergétique soudain, mais de courte durée, qui résulte ensuite en un déficit de glucose dans le système sanguin.

Ce déséquilibre du taux de glucose, s'il est souvent causé par une mauvaise alimentation, peut également trouver son origine dans des facteurs héréditaires ou psychologiques. Il est donc bon de porter une attention particulière à notre façon de vivre pour éviter le stress, le surmenage et le manque de repos. Pour ma part, certains suppléments alimentaires m'ont aidée à maintenir l'équilibre de mon taux de glucose, notamment le complexe B. La vitamine E, ainsi que le calcium, le magnésium et le potassium sont des suppléments qui contribuent à maintenir un équilibre harmonieux.

J'offre donc ce recueil de recettes à tous ceux et celles qui sont conscients des désordres physiques que la consommation de sucre peut produire à long terme. Il s'adresse aux personnes soucieuses de leur santé et qui aiment pourtant bien manger. À cette fin, mes desserts sont faciles à réaliser et conçus pour permettre une transition agréable et toute en douceur.

Voici une liste de produits disponibles dans tous les bons magasins d'aliments naturels.

Comparée à la cuisine utilisant le sucre blanc, la cuisine sans sucre est très différente et exige donc une certaine adaptation : il est nécessaire d'avoir à sa disposition quelques ingrédients différents que ceux connus de nos vieilles habitudes. Si quelques changements demandent des efforts et de la persévérance, en revanche les résultats sont à leurs mesures : une santé resplendissante ainsi qu'une vitalité et un bien-être accrus.
Faites-le avec amour, car c'est un cadeau en soi !

Agar-agar en flocons : remplace la gélatine ordinaire. Contient de la gélose, qui stimule les fonctions intestinales.

Beurre d'amande et d'arachide naturel

Beurre de pomme : vendu dans les magasins d'aliments naturels. Excellent substitut des confitures.

Cannelle, clou de girofle moulu et muscade

Caroube : substitut du cacao et du chocolat, qui sont des excitants. Provient du caroubier et contient des sucres naturels, un peu de protéines et est dépourvue d'agent excitant. Existe sous forme de poudre et de brisures (capuchons).

Céréales granolas, sans sucre : riz croustillant, flocons d'avoine et flocons de maïs (*corn flakes*) naturels.

Extraits d'amande, d'érable et de vanille

Farine de blé mou

Farine d'épeautre : d'un goût similaire à celui du blé. Utile pour ceux qui tolèrent mal le blé ou qui font trop d'acidité. Il est possible dans mes recettes de remplacer la farine de blé par la farine d'épeautre.

Farine de marante (*arrow-root*) : pour épaissir. Remplace la fécule de maïs : plus digestible, plus riche en calcium. Contient des minéraux.

Fruits congelés, sans sucre : bleuets, framboises, fraises.

Fruits frais : abricots, bananes, bleuets, citrons, fraises, framboises, oranges, pêches, pommes jaunes Délicieuse ou Cortland.

Fruits en conserve, sans sucre : pêches, ananas.

Fruits séchés : abricots, dattes, figues, pommes, pruneaux, raisins secs dorés et Thompson's.

Graines de tournesol et graines de sésame

Huile de tournesol ou de carthame pressée à froid

Jus de fruits, sans sucre : fruits de la passion, orange, poire, pomme, pruneaux.

Concentrés de jus de fruits congelés, sans sucre

Lait de soya : nature, à la vanille ou au caroube, il est très bon. En cuisine, il est délicieux. Le boire au verre procure un goût différent qui est à développer.

Noix : amandes, arachides, noix de coco sans sucre, noix de Grenoble, pin.

Poudre à pâte sans alun et soda à pâte sans alun

Sel de mer

Tapioca : il en existe de différentes grosseurs. J'achète le petit tapioca que je réduis en poudre à l'aide d'un moulin à café. J'en ai toujours en réserve. De goût très agréable, il sert à épaissir et remplace la fécule de maïs.

Tofu : mou (en crème), vendu en petite boîte. Texture très crémeuse.

Il est important, pour réussir les gâteaux et les muffins, de ne jamais trop brasser la pâte. Il faut seulement bien la mélanger, avec une cuillère de bois de préférence, sinon la texture sera pâteuse après la cuisson.

Les purées de fruits séchés

Base pour recettes

Purée de dattes
Purée de raisins secs dorés ou Thompson's
Purée de pruneaux
Purée d'abricots séchés
Purée de pommes séchées
Purée de figues

Préparation (identique pour toutes les purées)

500 ml (2 t.) de fruits séchés
250 ml (1 t.) d'eau

Laver les fruits séchés. Verser l'eau et les fruits dans un chaudron et porter à ébullition. Réduire ensuite à feu doux et laisser cuire environ 10 minutes. Laisser refroidir.

La purée se garde au réfrigérateur. On peut aussi la congeler durant plusieurs mois. Il est pratique d'en avoir toujours sous la main.

Les personnes tolérant difficilement le sucre des fruits séchés peuvent choisir des desserts à base de fruits frais. Il est aussi possible de couper de moitié la quantité de fruits séchés pour obtenir une purée moins sucrée.

Tous les desserts qui sont chauffés ou cuits, sans exception, peuvent être congelés. On a donc en tout temps un dessert de prêt.

Quel bonheur de pouvoir les déguster et de si bien nourrir son corps !

Mes desserts sans sucre

BARRES ÉPICÉES AUX RAISINS ET AUX ZUCCHINIS

Un sucré de bon goût d'épices

INGRÉDIENTS		8 BARRES

85	ml	(1/3 t.) d'huile de tournesol ou de soya pressée à froid
125	ml	(1/2 t.) de beurre de pomme
125	ml	(1/2 t.) de raisins secs
250	ml	(1 t.) de zucchinis râpés grossièrement
1		banane mûre écrasée à la fourchette
2	ml	(1/2 c. à thé) d'essence d'amande ou de vanille
500	ml	(2 t.) de farine de blé mou
7	ml	(1 1/2 c. à thé) de poudre à pâte
2	ml	(1/2 c. à thé) de soda à pâte
5	ml	(1 c. à thé) de cannelle
2	ml	(1/2 c. à thé) de muscade
2	ml	(1/2 c. à thé) de clou de girofle moulu

VOIR PHOTO PAGE 57

PRÉPARATION	7MIN.
CUISSON	25 MIN.

- Mélanger l'huile, le beurre de pomme, les raisins secs, les zucchinis râpés, la banane écrasée et l'essence d'amande ou de vanille.
- Mélanger ensuite la farine de blé mou, la poudre à pâte, le soda à pâte, la cannelle, la muscade et le clou de girofle ensemble et incorporer au premier mélange en brassant légèrement avec une cuillère de bois.
- Verser la préparation dans un moule de 20 cm X 20 cm (8 po X 8 po) huilé.
- Cuire au four à 180°C (350°F) environ 25 minutes.
- Garnir de glaçage à l'orange (voir Table des matières) et couper en barres.

Succulentes et savoureuses. Le zucchini a un goût neutre et il est surprenant en dessert.

Une bonne source de protéines

INGRÉDIENTS		20 BISCUITS

125	ml	(1/2 t.) de beurre d'arachide
85	ml	(1/3 t.) d'huile de tournesol pressée à froid
125	ml	(1/2 t.) de brisures de caroube
125	ml	(1/2 t.) de beurre de pomme
250	ml	(1 t.) de dattes dénoyautées hachées
85	ml	(1/3 t.) de jus de pomme non sucré
500	ml	(2 t.) de farine de blé mou
10	ml	(2 c. à thé) de poudre à pâte

VOIR PHOTO PAGE 58

PRÉPARATION	10 MIN.
CUISSON	20 MIN.

- Mélanger le beurre d'arachide, l'huile, les brisures de caroube, le beurre de pomme, les dattes et le jus de pomme.
- Ajouter ensuite la farine et la poudre à pâte, puis mélanger légèrement.
- Verser par cuillerée sur une tôle à biscuits huilée.
- Cuire au four à 180ºC (350ºF) durant 20 minutes.

Excellents pour tous les sportifs.

Du soleil en biscuits

INGRÉDIENTS	36 BISCUITS

65	ml	(1/4 t.) d'huile de tournesol pressée à froid
190	ml	(3/4 t.) de jus d'orange non sucré
30	ml	(2 c. à s.) de zeste d'orange
15	ml	(1 c. à s.) de zeste de citron
190	ml	(3/4 t.) de purée de raisins secs dorés *1/2 raisin 1/2 pruneaux*
175	ml	(2/3 t.) de raisins secs dorés *2/3 Tasses de dattes*
750	ml	(3 t.) de farine de blé mou
10	ml	(2 c. à thé) de poudre à pâte
2	ml	(1/2 c. à thé) de soda à pâte

VOIR PHOTO PAGE 59

PRÉPARATION	10 MIN.
CUISSON	20 MIN.

- Brasser l'huile, le jus d'orange, le zeste d'orange, le zeste de citron et la purée de raisins secs dorés.
- Incorporer ensuite le reste des ingrédients et mélanger légèrement.
- Verser par cuillerée sur une tôle à biscuits huilée.
- Décorer avec un peu de zeste d'orange.
- Cuire au four à 180ºC (350ºF) durant 20 minutes.

Ce petit goût de fraîcheur est formidable à longueur d'année, que ce soit au petit déjeuner, en collation ou simplement après un repas.

BISCUITS AUX DATTES ET AUX NOIX

Des sucrés de bons biscuits

INGRÉDIENTS		24 BISCUITS

500 ml	(2 t.) de dattes dénoyautées hachées	
250 ml	(1 t.) de bananes écrasées à la fourchette	
85 ml	(1/3 t.) d'huile de tournesol pressée à froid	
5 ml	(1 c. à thé) de vanille	
250 ml	(1 t.) de farine de blé mou ou d'épeautre	
250 ml	(1 t.) de flocons d'avoine	
65 ml	(1/4 t.) de noix de coco râpée non sucrée	
65 ml	(1/4 t.) de noix de Grenoble hâchées	
5 ml	(1 c. à thé) de poudre à pâte	
5 ml	(1 c. à thé) de cannelle	
2 ml	(1/2 c. à thé) de muscade	

VOIR PHOTO PAGE 59

PRÉPARATION	10 MIN.
CUISSON	20 MIN.

- Mélanger les dattes hachées, les bananes écrasées, l'huile et la vanille.
- Mélanger ensuite tous les autres ingrédients et incorporer au premier mélange.
- Brasser légèrement.
- Verser par cuillerée sur une tôle à biscuits huilée.
- Cuire au four à 180°C (350°F) durant 20 minutes.

Difficile de résister à ces biscuits très nutritifs.

BISCUITS TROPICAUX

Pour l'heure de la pause

20 BISCUITS

250 ml	(1 t.) de bananes écrasées à la fourchette
175 ml	(2/3 t.) de raisins secs
250 ml	(1 t.) d'abricots séchés hachés *1 Tasse de dattes*
85 ml	(1/3 t.) d'huile de tournesol pressée à froid
30 ml	(2 c. à s.) de zeste d'orange
5 ml	(1 c. à thé) de vanille
65 ml	(1/4 t.) de graines de tournesol *de noix grenoble*
500 ml	(2 t.) de farine de blé mou
10 ml	(2 c. à thé) de poudre à pâte

VOIR PHOTO PAGE 57

PRÉPARATION	**10 MIN.**
CUISSON	**20 MIN.**

- Mélanger les bananes écrasées, les raisins secs, les abricots hachés, l'huile de tournesol, le zeste d'orange, la vanille et les graines de tournesol.
- Ajouter ensuite la farine de blé mou et la poudre à pâte, et mélanger.
- Verser par cuillerée sur une tôle à biscuits huilée.
- Cuire au four à 180°C (350°F) durant 20 minutes.

Savoureux! Un ravissement pour petits et grands.

Mes Desserts Délicieux!

29

Remplace le lait frappé (*milk shake*)

INGRÉDIENTS	1 PORTION

6	amandes moulues (moudre au moulin à café)
1	mangue (bien mûre)
6	abricots séchés orangés hâchés
375 ml	(1 1/2 t.) d'eau

VOIR PHOTO PAGE 59

PRÉPARATION	7 MIN.

- Peler et couper la mangue en morceaux.
- Brasser ensuite dans le mélangeur avec tous les autres ingrédients, à grande vitesse.

Excellent en collation. Accompagne très bien un petit déjeuner de fruits.

BOISSON AUX BANANES

Les bananes à Thierry, mon petit amour!

INGRÉDIENTS	1 PORTION

250 ml	(1 t.) de lait de soya à la vanille ou au caroube
1	banane mûre
1	goutte de vanille

PRÉPARATION **3 MIN.**

- Brasser tous les ingrédients dans le mélangeur, à grande vitesse, pour bien fouetter.
- Servir immédiatement.

Servir comme boisson ou encore dans les céréales du matin. Fameux festin pour les enfants.

BOISSON AUX DATTES ET AUX AMANDES

La préférée de mon petit rayon de soleil, Vanessa

INGRÉDIENTS	1 PORTION

10		dattes dénoyautées
4		amandes
315	ml	(1 1/4 t.) d'eau
1		goutte d'essence d'amande ou de vanille

PRÉPARATION	5 MIN.

- Laver les dattes et les amandes.
- Brasser ensuite à grande vitesse, pour bien fouetter, avec tous les autres ingrédients dans le mélangeur.

Une boisson très énergétique.

Les raisins secs sont une bonne source de fer

INGRÉDIENTS	1 PORTION

85	ml	(1/3 t.) de raisins secs
250	ml	(1 t.) d'eau
15	ml	(1 c. à s.) de noix de pin
1		goutte de vanille

PRÉPARATION	5 MIN.
TREMPAGE	1 HEURE

- Faire tremper les raisins secs 1 heure dans l'eau bouillante, ensuite jeter l'eau de trempage.
- Brasser tous les ingrédients dans le mélangeur, à grande vitesse, pour bien fouetter.

Voici une boisson énergétique, bien équilibrée sur le plan des sucres naturels et des protéines.

Bonbons à la Noix de Coco

Le bon goût de la noix de coco

18 BONBONS

125 ml	(1/2 t.) de noix d'acajou moulues (moudre au moulin à café)
125 ml	(1/2 t.) de pruneaux dénoyautés hâchés
125 ml	(1/2 t.) de raisins secs hâchés
15 ml	(1 c. à s.) de vanille
250 ml	(1 t.) de noix de coco râpée non sucrée

VOIR PHOTO PAGE 57

PRÉPARATION **10 MIN.**

- Brasser dans le mélangeur tous les ingrédients, sauf la noix de coco, jusqu'à l'obtention d'une consistance granuleuse.
- Retirer du mélangeur et incorporer la noix de coco.
- Former des petites boules à l'aide d'une cuillère.
- Réfrigérer.

Une agréable façon de consommer des pruneaux.

BONBONS AU CAROUBE

Un petit goût différent de celui du chocolat

125 ml	(1/2 t.) de beurre d'arachide
30 ml	(2 c. à s.) de beurre de pomme
85 ml	(1/3 t.) de purée de dattes
85 ml	(1/3 t.) d'arachides naturelles sans sel
65 ml	(1/4 t.) de poudre de caroube
175 ml	(2/3 t.) de noix de coco râpée non sucrée
5 ml	(1 c. à thé) de vanille

PRÉPARATION

15 MIN.

- Mélanger tous les ingrédients.
- Former des boules à l'aide d'une cuillère.
- Réfrigérer.

La caroube n'est pas du cacao, mais elle en est un délicieux substitut à découvrir et, surtout, elle ne contient pas de caféine.

Pour une collation énergétique et nutritive

INGRÉDIENTS   15 BONBONS

15	dattes Medjol
85 ml	(1/3 t.) de beurre d'arachide
85 ml	(1/3 t.) de graines de tournesol
85 ml	(1/3 t.) de noix de coco râpée non sucrée
85 ml	(1/3 t.) de brisures de caroube non sucrées
5 ml	(1 c. à thé) de vanille

PRÉPARATION   10 MIN.

- Laver les dattes, les couper dans le sens de la longueur et les dénoyauter.
- Mettre de côté.
- Mélanger tous les autres ingrédients à la main et en farcir chacune des dattes.
- Décorer en saupoudrant de noix de coco ou de noix de Grenoble concassées.
- Réfrigérer.

De délicieux bonbons qui sauront satisfaire les grands comme les petits.

Un délice à tout coup!

125 ml	(1/2 t.) d'amandes moulues (moudre au moulin à café)
85 ml	(1/3 t.) de dattes dénoyautées hâchées
85 ml	(1/3 t.) de raisins secs hâchés
65 ml	(1/4 t.) de poudre de caroube
125 ml	(1/2 t.) d'arachides
30 ml	(2 c. à s.) de beurre de pomme
85 ml	(1/3 t.) d'arachides concassées

VOIR PHOTO PAGE 58

PRÉPARATION   **10 MIN.**

- Brasser dans le mélangeur les amandes moulues, les dattes, les raisins secs, la poudre de caroube et les arachides jusqu'à l'obtention d'une consistance granuleuse.
- Ajouter ensuite le beurre de pomme et mélanger à l'aide d'une cuillère.
- Former des petites boules avec les mains.
- Rouler dans les arachides concassées.
- Réfrigérer.

Des bonbons naturels, quelle merveille!

Un bienfait de la nature

250	ml	(1 t) de noix d'acajou légèremnt moulues *
125	ml	(1/2 t) de graines de tournesol légèrement moulues *
65	ml	(1/4 t) de graines de sésame légèrement moulues *
125	ml	(1/2 t) de purée de pruneaux
65	ml	(1/4 t) de purée de raisins secs
85	ml	(1/3 t) de raisins secs
		noix de coco râpée non sucrée ou arachides concassées

* moudre au moulin à café

- Mélanger tous les ingrédients sauf la noix de coco ou les arachides concassées.
- Former des boules à l'aide d'une petite cuillère et les rouler dans la noix de coco ou les arachides concassées.
- Réfrigérer.

Les pruneaux favorisent un bon fonctionnement des intestins.

BOULES D'AMANDES

Une friandise saine et alcaline

85	ml	(1/3 t.) de beurre d'amande
85	ml	(1/3 t.) d'eau
85	ml	(1/3 t.) de noix de coco râpée non sucrée
125	ml	(1/2 t.) de raisins secs
6		figues hâchées
5	ml	(1 c. à thé) de vanille
250	ml	(1 t.) de céréales de riz croustillant (*rice crispies*)
175	ml	(2/3 t.) de noix de Grenoble concassées

PRÉPARATION   **15** MIN.

- Brasser le beurre d'amande, l'eau, la noix de coco, les raisins secs, les figues et la vanille dans le mélangeur, à basse vitesse, et à l'aide d'une spatule.
- Il n'est pas nécessaire que le mélange soit crémeux.
- Retirer du mélangeur et ajouter les céréales.
- Former ensuite des boules à l'aide d'une cuillère et les rouler dans les noix de Grenoble concassées.
- Réfrigérer.

Fort agréables en collation ou pour compléter un repas léger, les boules d'amandes constituent une excellente source de protéines.

BOULES DE FIGUES ET DE CAROUBE

Pour les fins gourmets!

INGRÉDIENTS		20 BOULES

250 ml	(1 t.) de figues
125 ml	(1/2 t.) de graines de tournesol moulues (moudre au moulin à café)
85 ml	(1/3 t.) de beurre d'arachide
85 ml	(1/3 t.) de raisins secs
85 ml	(1/3 t.) de poudre de caroube
125 ml	(1/2 t.) de sirop de pomme (voir Table des matières)
250 ml	(1 t.) de flocons d'avoine
250 ml	(1 t.) de noix de coco râpée non sucrée

VOIR PHOTO PAGE 59

PRÉPARATION	10 MIN.
TREMPAGE	1 HEURE

- Recouvrir les figues d'eau et porter à ébullition.
- Fermer le feu et laisser tremper 1 heure.
- Ensuite, équeuter et hacher les figues.
- Brasser dans le mélangeur les figues, les graines de tournesol, le beurre d'arachide, les raisins secs, la poudre de caroube et le sirop de pomme.
- Ce mélange devient très épais.
- Retirer et incorporer les flocons d'avoine et la noix de coco.
- Former des boules à l'aide d'une cuillère.
- Rouler les boules dans des graines de tournesol ou de sésame.
- Réfrigérer.

Voici un régal énergétique et complet. Se conserve plusieurs mois au congélateur.

*B*ROWNIES AU *N*ATUREL

Tout le bon goût de la caroube

INGRÉDIENTS

8 À 10 PORTIONS

PARTIE 1

500	ml	(2 t.) de farine de blé mou ou d'épeautre
7	ml	(1 1/2 c. à thé) de poudre à pâte
2	ml	(1/2 c. à thé) de soda à pâte
85	ml	(1/3 t.) de poudre de caroube
125	ml	(1/2 t.) de raisins secs
85	ml	(1/3 t.) de noix de Grenoble émiettées
65	ml	(1/4 t.) d'huile de tournesol pressée à froid
190	ml	(3/4 t.) de purée de dattes
65	ml	(1/4 t.) de purée de pruneaux
30	ml	(2 c. à s.) de vinaigre de cidre
15	ml	(1 c. à s.) de vanille
250	ml	(1 t.) d'eau

Suite page suivante

PRÉPARATION

10 MIN.

CUISSON

35 MIN.

- Mélanger les ingrédients secs ensemble.
- Mélanger les ingrédients liquides et les purées ensemble.
- Incorporer les ingrédients secs aux ingrédients liquides et brasser vigoureusement avec une cuillère de bois.
- Verser dans un moule de 20 cm X 25 cm (8 po X 10 po) huilé et enfariné.
- Cuire au four à 180ºC (350ºF) durant 35 minutes.

Suite page suivante

Mes Desserts Délicieux!

41

Hum!

8 à 10 Portions

PARTIE 2

30 ml   (2 c. à s.) d'huile de tournesol pressée à froid
250 ml   (1 t.) de brisures de caroube

VOIR PHOTO PAGE 57

PRÉPARATION   **5 MIN.**

- Faire fondre les ingrédients à feu très doux.
- Verser immédiatement sur les *brownies* déjà cuits.
- Garnir avec de la noix de coco.

Des *brownies* au goût différent et bons pour la santé.

CARRÉS AUX POMMES ET AUX DATTES

Un mélange de pommes, de dattes et d'abricots

INGRÉDIENTS

PARTIE 1

750	ml	(3 t.) de dattes dénoyautées
750	ml	(3 t.) de pommes coupées en cubes
125	ml	(1/2 t.) d'abricots séchés
750	ml	(3 t.) d'eau
5	ml	(1 c. à thé) de vanille

PRÉPARATION	5 MIN.
CUISSON	10 MIN.

- Cuire les dattes, les pommes et les abricots séchés dans 750 ml (3 t.) d'eau.
- Porter à ébullition et laisser mijoter à feu moyen 10 minutes.
- Ajouter la vanille et mettre de côté.

Mes Desserts Délicieux!

Des sucrés de bons carrés

| INGRÉDIENTS | 10 PORTIONS |

PARTIE 2

940	ml	(3 3/4 t.) de flocons d'avoine
750	ml	(3 t.) de farine de blé mou ou de farine d'épeautre
5	ml	(1 c. à thé) de soda à pâte
250	ml	(1 t.) d'huile de tournesol ou de carthame pressée à froid
85	ml	(1/3 t.) d'eau
65	ml	(1/4 t.) de purée de dattes

| PRÉPARATION | 5 MIN. |
| CUISSON | 20 MIN. |

- Mélanger légèrement tous les ingrédients avec les mains.
- Presser la moitié de cette préparation dans un plat non huilé de 20 cm X 30 cm (8 po X 12 po) allant au four.
- Verser ensuite le mélange de la partie 1.
- Ajouter par dessus le mélange l'autre moitié de la préparation en pressant légèrement.
- Cuire au four à 180°C (350°F) de 20 à 25 minutes.

Ces carrés offrent le bon goût sucré de la nature.

COULIS DE FRAMBOISES

Une saveur rafraîchissante

INGRÉDIENTS   **6 À 8 PORTIONS**

750 ml	(3 t.) de framboises congelées ou fraîches
125 ml	(1/2 t.) de concentré de jus de pomme congelé non sucré
375 ml	(1 1/2 t.) d'eau
60 ml	(4 c. à s.) de tapioca moulu (moudre au moulin à café)

PRÉPARATION   **5 MIN.**

CUISSON   **8 MIN.**

- Mélanger tous les ingrédients.
- Amener à ébullition.
- Réduire à feu doux et laisser mijoter 5 minutes.

Ce coulis est un régal en nappage sur du gâteau, des galettes de sarrasin, des crêpes ou pour accompagner quelques tranches de banane sur nos céréales du matin. Succès assuré à tous les coups.

CRÈME À L'ORANGE

Du soleil en crème, c'est de la magie!

690	ml	(2 3/4 t.) de jus d'orange pur non sucré
65	ml	(1/4 t.) de concentré de jus d'orange congelé non sucré
290	g	(10 oz) de tofu mou en crème
6		abricots séchés et hachés
30	ml	(2 c. à s.) d'agar-agar en flocons
65	ml	(1/4 t.) de jus d'orange pur non sucré
60	ml	(4 c. à s.) de farine de marante
30	ml	(2 c. à s.) de zeste d'orange

PRÉPARATION   **5 MIN.**

CUISSON   **5 MIN.**

- Brasser à grande vitesse dans le mélangeur 690 ml (2 3/4 t.) de jus d'orange pur, le concentré de jus d'orange congelé et les abricots.
- Porter ensuite à ébullition.
- Délayer la farine de marante avec 65 ml (1/4 t.) de jus d'orange pur et verser en filet dans la préparation chaude pour épaissir.
- Ajouter le zeste d'orange.
- Laisser refroidir et décorer avec des rondelles d'orange.

Cette crème est d'un goût exquis sur des crêpes ou du gâteau.

Le soya, ma petite vache végétale

INGRÉDIENTS	Crème

500	ml	(2 t.) de lait de soya à la vanille
15	ml	(1 c. à s.) d'huile de tournesol pressée à froid
5	ml	(1 c. à thé) de vanille
45	ml	(3 c. à s.) de purée de raisins secs dorés
30	ml	(2 c. à s.) de farine de marante
30	ml	(2 c. à s.) d'eau

PRÉPARATION	5 MIN.
CUISSON	5 MIN.

- Cuire en brassant à feu moyen le lait de soya à la vanille, l'huile, la vanille et la purée de raisins secs dorés jusqu'à ébullition.
- Mélanger ensemble la farine de marante et l'eau, puis incorporer au premier mélange en brassant jusqu'à épaississement.
- Fermer le feu et refroidir.

D'un goût différent. Servir avec les fruits frais, les gâteaux, les muffins, les crêpes ou les tartes.

CRÊPES À LA FARINE D'ÉPEAUTRE ET AUX BLEUETS

Tout un régal!

INGRÉDIENTS	12 CRÊPES

500 ml (2 t.) de farine d'épeautre
1 ml (1/4 c. à thé) de sel de mer
5 ml (1 c. à thé) de poudre à pâte
65 ml (1/4 t.) de dattes dénoyautées hachées
250 ml (1 t.) de lait de soya nature ou à la vanille
250 ml (1 t.) d'eau
30 ml (2 c. à s.) d'huile de carthame ou de tournesol
       pressée à froid
5 ml (1 c. à thé) de vanille
250 ml (1 t.) de bleuets frais ou congelés

VOIR PHOTO PAGE 60

PRÉPARATION	5 MIN.
CUISSON	15 MIN.

- Déposer tous les ingrédients, sauf les bleuets, dans un bol et battre avec un fouet ou avec un batteur électrique.
- Bien fouetter puis ajouter les bleuets et brasser encore un peu sans trop les défaire.
- Étendre de minces couches du mélange dans un poêlon légèrement huilé et faire dorer de chaque côté.

Elles sont tellement savoureuses qu'on peut les manger telles quelles sans rien ajouter dessus.

N.B. Vous pouvez remplacer les bleuets par des fraises, des framboises ou de petits cubes de pommes.

Un doux parfum d'été

INGRÉDIENTS	6 PORTIONS

PARTIE 1

1	l	(4 t.) de fraises fraîches ou congelées
500	ml	(2 t.) de rhubarbe fraîche ou congelée
30	ml	(2 c. à s.) de tapioca moulu (moudre au moulin à café)
190	ml	(3/4 t.) de purée de raisins secs dorés
65	ml	(1/4 t.) de jus de pomme ou de raisin non sucré

Suite page suivante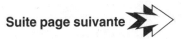

PRÉPARATION	5 MIN.
CUISSON	5 MIN.

- Si vous utilisez des fruits congelés, les faire dégeler à feu doux ou au four à micro-ondes.
- Mélanger ensuite tous les ingrédients et les déposer dans un moule de 20 cm X 25 cm (8 po X 10 po).
- Mettre de côté.

Suite page suivante

Mes Desserts Délicieux!

Quel délice!

INGRÉDIENTS   **6 PORTIONS**

PARTIE 2

500	ml	(2 t.) de farine de blé mou
375	ml	(1 1/2 t.) de flocons d'avoine
65	ml	(1/4 t.) de farine de marante
125	ml	(1/2 t.) d'huile de tournesol pressée à froid
125	ml	(1/2 t.) de purée de raisins secs dorés
5	ml	(1 c. à thé) de poudre à pâte

PRÉPARATION   **5** MIN.

CUISSON   **20** MIN.

- Brasser tous les ingrédients avec les mains et bien mélanger.
- Verser sur le premier mélange.
- Cuire au four à 180°C (350°F) durant 20 minutes ou plus.

N.B. Si vous utilisez de la rhubarbe fraîche, il est préférable de la faire tremper dans l'eau de 6 à 8 heures pour atténuer son goût suret.

D'une riche couleur, ce savoureux dessert est fort invitant.

CROUSTADE DE POMMES

La bonne saveur des pommes

INGRÉDIENTS

6 À 8 PORTIONS

8		pommes Cortland de grosseur moyenne
45	ml	(3 c. à s.) d'eau
500	ml	(2 t.) de céréales granola pomme et cannelle
250	ml	(1 t.) de chapelure de pain
190	ml	(3/4 t.) de flocons d'avoine
175	ml	(2/3 t.) d'huile de tournesol pressée à froid
175	ml	(2/3 t.) de raisins secs
85	ml	(1/3 t.) de purée de pommes séchées ou de beurre de pomme
		cannelle

PRÉPARATION
10 MIN.

CUISSON
20 MIN.

- Peler et couper les pommes en morceaux.
- Étendre les pommes dans un moule de 20 cm X 20 cm (8 po X 8 po) et ajouter l'eau.
- Mélanger tous les autres ingrédients, puis en recouvrir les pommes en pressant.
- Saupoudrer de cannelle.
- Cuire au four à 180°C (350°F) durant 20 minutes.

Une croustade croquante et appréciée de tous. On peut la servir avec un bon riz glacé à la vanille.

DATTES FARCIES

INGRÉDIENTS   **10 FRIANDISES**

10		dattes Medjol
85	ml	(1/3 t.) de beurre d'arachide

PRÉPARATION   **5 MIN.**

- Laver les dattes et les éponger à l'aide d'un essuie-tout.
- Couper les dattes dans le sens de la longueur et en retirer les noyaux.
- Déposer environ 2 ml (1/2 c. à thé) de beurre d'arachide croquant ou crémeux dans chaque datte.
- Les refermer un peu et décorer avec de la noix de coco.

C'est si bon à manger qu'il n'en reste jamais.

FOND DE TARTE AU CAROUBE

La caroube est naturelle et sans caféine

INGRÉDIENTS — 6 Portions

65	ml	(1/4 t.) d'huile de tournesol ou de carthame pressée à froid
250	ml	(1 t.) de brisures de caroube sans sucre
65	ml	(1/4 t.) de lait de soya
45	ml	(3 c. à s.) de beurre de pomme
65	ml	(1/4 t.) de noix de pin ou de Grenoble hachées
250	ml	(1 t.) de flocons d'avoine ou de riz soufflé
250	ml	(1 t.) de céréales granola sans sucre
45	ml	(3 c.à s.) de raisins secs
5	ml	(1 c. à thé) de cannelle

PRÉPARATION	**5 MIN.**
CUISSON	**5 MIN.**

- Faire fondre les brisures de caroube dans l'huile à feu très doux.
- Retirer du feu, ajouter les autres ingrédients et mélanger avec une fourchette.
- Presser ce mélange dans une assiette à tarte.
- Réfrigérer 2 heures.

Délicieux avec toutes les préparations de fruits en purée.

FOND DE TARTE AUX FLOCONS DE MAÏS (*CORN FLAKES*)

Un goût tellement différent

INGRÉDIENTS	6 PORTIONS

500	ml	(2 t.) de flocons de maïs (*corn flakes*)
125	ml	(1/2 t.) de flocons d'avoine
125	ml	(1/2 t.) de noix de coco râpée non sucrée
85	ml	(1/3 t.) de dattes hachées
85	ml	(1/3 t.) d'eau
30	ml	(2 c. à s.) d'huile de tournesol pressée à froid
5	ml	(1 c. à thé) de vanille

PRÉPARATION	5 MIN.
CUISSON	12 MIN.

- Mélanger tous les ingrédients.
- Brasser ensuite avec le mélangeur et à l'aide d'une spatule, par petites quantités (il est important de garder une consistance granuleuse).
- Étendre à la fourchette dans une assiette à tarte en pressant bien le mélange.
- Cuire au four à 180°C (350°F) durant 12 minutes.

Excellent fond de tarte léger et croustillant pouvant servir pour toute base de tarte aux fruits ou à la costarde.

Quel bon goût!

INGRÉDIENTS	20 Friandises

30	ml	(2 c. à s.) d'huile de tournesol pressée à froid
250	ml	(1 t.) de brisures de caroube non sucré
65	ml	(1/4 t.) de beurre d'arachide
65	ml	(1/4 t.) d'arachides concassées
175	ml	(2/3 t.) de céréales de riz croustillant (*rice crispies*)
65	ml	(1/4 t.) de céréales granola
5	ml	(1 c. à thé) de vanille

VOIR PHOTO PAGE COUVERTURE

PRÉPARATION	5 MIN.
CUISSON	3 MIN.

- Fondre, à feu très doux, l'huile, les brisures de caroube et le beurre d'arachide.
- Retirer du feu et mélanger avec les autres ingrédients.
- Verser ensuite par cuillerée sur une tôle non huilée.
- Réfrigérer.

Se conserve très bien au réfrigérateur. Pour un bon petit goûter en tout temps.

Les bleuets, une merveille de la nature

INGRÉDIENTS   8 PORTIONS

425 ml	(1 2/3 t.) de dattes dénoyautées
375 ml	(1 1/2 t.) d'eau
85 ml	(1/3 t.) d'huile de tournesol pressée à froid
15 ml	(1 c. à s.) de vanille
625 ml	(2 1/2 t.) de farine de blé mou
10 ml	(2 c. à thé) de poudre à pâte
2 ml	(1/2 c. à thé) de soda à pâte
500 ml	(2 t.) de bleuets frais ou congelés

VOIR PHOTO PAGE 58

PRÉPARATION   10 MIN.
CUISSON   35 MIN.

- Laver les dattes et les cuire dans 375 ml (1 1/2 t.) d'eau.
- Amener à ébullition.
- Réduire le feu et laisser mijoter environ 7 minutes en brassant.
- Retirer du feu et laisser refroidir.
- Brasser avec une fourchette l'huile, le mélange de dattes et la vanille.
- Ajouter la farine, la poudre à pâte, le soda à pâte et mélanger légèrement le tout à l'aide d'une cuillère de bois.
- Verser ensuite les bleuets en prenant soin de les incorporer délicatement au mélange sans trop brasser.
- Verser la préparation dans un moule à gâteau huilé de 20 cm X 20 cm (8 po X 8po).
- Cuire au four à 180⁰C (350⁰F) durant 35 minutes.

Succulent, nappé d'un glaçage aux dattes.

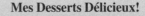

arte aux bleuets
onbons à la noix de coco
iscuits tropicaux

Brownies au naturel
Barres épicées aux raisins et aux
zucchinis

Gâteau aux bleuets

Bonbons aux noix et au caroube

Tourbillons d'amour aux framboises

Muffins à la sauce aux pommes

Biscuits au beurre d'arachide

Glaçage à l'orange

dinière aux fruits
cuits aux dattes et aux noix
cuits au citron et à l'orange

Trottoir aux raisins et aux pruneaux
Boisson aux amandes et à la mangue
Boules de figues et de caroube

Gâteau renversé à l'ananas
Sablé aux bleuets
Gelée de framboises

Crêpes à la farine d'épeautre
et aux bleuets
Tablettes de fruits

Une invitation à se servir plus d'une fois

INGRÉDIENTS		10 PORTIONS

625 ml	(2 1/2 t.) de dattes dénoyautées	
500 ml	(2 t.) d'eau	
335 ml	(1 1/3 t.) de carottes râpées	
85 ml	(1/3 t.) de raisins secs	
85 ml	(1/3 t.) d'huile de tournesol pressée à froid	
5 ml	(1 c. à thé) d'essence de vanille	
500 ml	(2 t.) de farine de blé mou	
7 ml	(1 1/2 c. à thé) de poudre à pâte	
2 ml	(1/2 c. à thé) de soda à pâte	
1 ml	(1/4 c. à thé) de clou de girofle moulu	
3 ml	(3/4 c. à thé) de muscade	
5 ml	(1 c. à thé) de cannelle	

PRÉPARATION	15 MIN.
CUISSON	40 MIN.

- Laver les dattes et les cuire dans 500 ml (2 t.) d'eau environ 10 minutes ou jusqu'à épaississement.
- Laisser refroidir.
- Ajouter ensuite les carottes râpées, les raisins secs, l'huile de tournesol, l'essence de vanille et mélanger avec une cuillère de bois.
- Incorporer la farine, la poudre à pâte, le soda à pâte, le clou de girofle, la muscade et la cannelle.
- Mélanger légèrement sans trop brasser.
- Verser la préparation dans un moule huilé de 22,5 cm (9 po).
- Cuire au four à 180ºC (350ºF) de 30 à 35 minutes.

Ce gâteau est toujours apprécié. On peut le servir avec un coulis de framboises.

Irrésistible!

INGRÉDIENTS	8 PORTIONS

PARTIE 1

6	abricots séchés orangés
6	rondelles d'ananas en conserve sans sucre
175 ml	(2/3 t.) de raisins secs
125 ml	(1/2 t.) du jus de l'ananas en conserve
15 ml	(1 c. à s.) de farine de marante

Suite page suivante

PRÉPARATION	5 MIN.
TREMPAGE	30 MIN.

- Faire tremper les abricots dans l'eau bouillante 30 minutes.
- Brasser les abricots et les autres ingrédients, sauf les rondelles d'ananas, dans le mélangeur pour faire une purée.
- Garder 85 ml (1/3 t.) de cette préparation pour la partie 2 et étendre le reste dans un moule à gâteau huilé de 20 cm X 20 cm (8 po X 8 po).
- Déposer ensuite les rondelles d'ananas dans le moule et mettre de côté.

Suite page suivante

Mes Desserts Délicieux!

Hum !

INGRÉDIENTS	8 PORTIONS

PARTIE 2

65	ml	(1/4 t.) d'huile de tournesol pressée à froid
65	ml	(1/4 t.) de concentré de jus d'ananas congelé
1		grosse banane mûre
500	ml	(2 t.) de farine de blé mou
5	ml	(1 c. à thé) de soda à pâte
5	ml	(1 c. à thé) de poudre à pâte

VOIR PHOTO PAGE 60

PRÉPARATION	5 MIN.
CUISSON	30 MIN.

- Écraser la banane à la fourchette.
- Mélanger l'huile, le concentré de jus d'ananas, la banane et 85 ml (1/3 t.) de la préparation de la partie 1 à la fourchette.
- Ajouter ensuite la farine, le soda à pâte, la poudre à pâte et mélanger légèrement à la cuillère de bois.
- Verser cette pâte sur les ananas.
- Cuire au four à 180ºC (350ºF) durant 30 minutes.
- Laisser refroidir un peu et renverser dans une assiette de service.
- Pour décorer, ajouter des raisins au centre de chacune des tranches d'ananas.

Une invitation pour les yeux et le palais.

Quel goût renversant!

INGRÉDIENTS	8 PORTIONS

PARTIE 1

4		grosses pommes
500	ml	(2 t.) de jus de pomme non sucré
30	ml	(2 c. à s.) de beurre de pomme
45	ml	(3 c. à s.) de tapioca moulu (moudre au moulin à café)
5	ml	(1 c. à thé) de cannelle

Suite page suivante

PRÉPARATION	10 MIN.
CUISSON	5 MIN.

- Peler et couper les pommes en morceaux.
- Cuire tous les ingrédients, sauf la cannelle, à feu doux durant 5 minutes.
- Ajouter ensuite la cannelle.
- Verser dans un moule de 20 cm X 30 cm (8 po X 12 po) et mettre de côté.

Suite page suivante

Des pommes renversantes!

INGRÉDIENTS	8 PORTIONS

PARTIE 2

2		grosses pommes râpées
85	ml	(1/3 t.) d'huile de tournesol pressée à froid
175	ml	(2/3 t.) de purée de raisins secs ou de dattes
15	ml	(1 c. à s.) de vanille
500	ml	(2 t.) de farine de blé mou ou d'épeautre
7	ml	(1 1/2 c. à thé) de poudre à pâte
2	ml	(1/2 c. à thé) de soda à pâte

PRÉPARATION	7 MIN.
CUISSON	30 MIN.

- Brasser les pommes râpées, l'huile, la purée de raisins secs ou de dattes et la vanille avec une fourchette.
- Ajouter ensuite la farine, la poudre à pâte et le soda à pâte et mélanger délicatement à la cuillère de bois sans trop brasser.
- Verser le mélange sur la première préparation encore chaude.
- Cuire au four à 180°C (350°F) durant 30 minutes.

Un succulent goût de pomme et de cannelle.

GELÉE D'EXTRA-BRICOT

INGRÉDIENTS	4 PORTIONS

4		abricots séchés orangés hachés
60	ml	(4 c. à s.) d'agar-agar en flocons
500	ml	(2 t.) de jus de fruits calypso ou de la passion
6		abricots frais

VOIR PHOTO PAGE COUVERTURE

PRÉPARATION	5 MIN.
CUISSON	5 MIN.
TREMPAGE	30 MIN.

- Laver et faire tremper les abricots séchés 30 minutes dans de l'eau bouillante.
- Laisser tremper l'agar-agar 5 minutes dans le jus de fruits.
- Laver les abricots frais et les couper en deux pour enlever leur noyau.
- Brasser le tout dans le mélangeur pour obtenir une texture lisse.
- Cuire ensuite environ 5 minutes à feu doux.
- Verser la préparation dans un moule de 22,5 cm (9 po) ou moins.
- Réfrigérer quelques heures avant de démouler.
- Démouler en trempant le moule environ 30 secondes dans de l'eau chaude pour ne pas défaire la préparation.

Pour varier, on peut déposer des fruits frais coupés dans le fond du moule avant de verser la préparation chaude.

Une gelée royale

INGRÉDIENTS	3 À 4 PORTIONS

250	ml	(1 t.) de jus de pomme non sucré
15	ml	(1 c. à s.) de jus de citron
30	ml	(2 c. à s.) de tapioca moulu (moudre au moulin à café)
30	ml	(2 c. à s.) d'agar-agar en flocons
1		goutte d'essence de framboise ou de fraise
125	ml	(1/2 t.) de purée de raisins secs dorés
750	ml	(3 t.) de framboises fraîches ou congelées

VOIR PHOTO PAGE 60

PRÉPARATION	5 MIN.
CUISSON	5 MIN.

- Si vous utilisez des framboises congelées, les faire dégeler à feu doux ou au four à micro-ondes.
- Mélanger le jus de pomme, le jus de citron, le tapioca moulu, l'agar-agar et laisser reposer 5 minutes.
- Porter à ébullition.
- Réduire à feu doux et laisser mijoter 5 minutes.
- Retirer du feu et brasser dans le mélangeur en ajoutant l'essence de framboise ou de fraise, la purée de raisins secs dorés et les framboises.
- Verser dans des coupes.
- Réfrigérer ou servir immédiatement.

Il suffit de congeler les framboises pour pouvoir en profiter toute l'année. L'abondance est à notre portée.

GLAÇAGE À L'ORANGE

Le goût et le parfum de l'orange, hummm!

| INGRÉDIENTS | GLAÇAGE |

500 ml (2 t.) de jus d'orange non sucré
le jus d'une orange fraîche
30 ml (2 c. à s.) de zeste d'orange
65 ml (1/4 t.) de tapioca moulu (moudre au moulin à café)

VOIR PHOTO PAGE 58

| PRÉPARATION | **5** MIN. |
| CUISSON | **8 À 10** MIN. |

- Cuire tous les ingrédients jusqu'à ébullition.
- Réduire à feu moyen et brasser jusqu'à épaississement.
- Fermer le feu et refroidir au réfrigérateur.
- Verser sur du gâteau ou des biscuits.

Un glaçage léger et frais.

Tous en raffolent

| INGRÉDIENTS | GLAÇAGE |

500	ml	(2 t.) de bleuets frais ou congelés
85	ml	(1/3 t.) de beurre de pomme ou de purée de raisins secs
250	ml	(1 t.) de tofu mou en crème
1		grosse banane mûre
250	ml	(1 t.) de noix de coco râpée non sucrée

PRÉPARATION   **10** MIN.

- Si vous utilisez des bleuets congelés, les faire dégeler à feu doux ou au four à micro-ondes.
- Brasser dans le mélangeur tous les ingrédients, à grande vitesse, afin d'obtenir une consistance lisse.

Excellent sur les gâteaux ou les muffins. Bon à s'en lécher les doigts.

GLAÇAGE AUX DATTES

Si crémeux!

INGRÉDIENTS	GLAÇAGE

250 ml (1 t.) de dattes dénoyautées
125 ml (1/2 t.) d'eau
250 ml (1 t.) de tofu mou en crème
22 ml (1 1/2 c. à s.) de poudre de caroube
5 ml (1 c. à thé) de vanille
65 ml (1/4 t.) de noix de coco râpée non sucrée

PRÉPARATION	12 MIN.
CUISSON	15 MIN.

- Cuire les dattes dans 125 ml (1/2 t.) d'eau jusqu'à ébullition.
- Réduire le feu et laisser mijoter jusqu'à épaississement, soit environ 10 minutes.
- Laisser refroidir.
- Brasser ensuite dans le mélangeur avec tous les autres ingrédients, à grande vitesse, afin d'obtenir une consistance onctueuse.

Accompagne agréablement le gâteau aux bleuets, les biscuits au beurre d'arachide ou vos desserts préférés.

GOURMANDISE AUX FRUITS DES CHAMPS

Un dessert minute

INGRÉDIENTS

2 PORTIONS

125 ml	(1/2 t.) de bleuets frais
125 ml	(1/2 t.) de framboises fraîches
125 ml	(1/2 t.) de bananes en tranches
2	boules de riz glacé (vendu dans les marchés d'aliments naturels)
	noix de Grenoble émiettées

PRÉPARATION

1 MIN.

- Mélanger les bleuets, les framboises et les tranches de bananes.
- Verser dans deux bols à dessert.
- Ajouter les boules de riz glacé et garnir avec les noix de Grenoble.

Le riz glacé, sans sucre et sans produits laitiers, remplace agréablement la crème glacée et accompagne très bien les desserts.

La magie des couleurs pour les yeux et le palais

INGRÉDIENTS	8 Portions

500	ml	(2 t.) de farine de blé mou
65	ml	(1/4 t.) de farine de marante
10	ml	(2 c. à thé) de poudre à pâte
125	ml	(1/2 t.) de purée de pommes séchées ou de beurre de pomme
125	ml	(1/2 t.) de raisins secs
85	ml	(1/3 t.) d'huile de tournesol ou de carthame pressée à froid
65	ml	(1/4 t.) d'amandes moulues (moudre au moulin à café)
85	ml	(1/3 t.) de jus de pomme non sucré
1	ml	(1/4 c. à thé) d'essence d'amande

VOIR PHOTO PAGE 59

PRÉPARATION	7 MIN.
CUISSON	20 MIN.

- Mélanger la farine de blé mou, la farine de marante et la poudre à pâte.
- Creuser une fontaine (un trou) dans le centre et y verser les autres ingrédients.
- Brasser légèrement avec une cuillère de bois.
- Étendre la préparation à l'aide d'une fourchette dans une assiette à pizza huilée de 25 cm (10 po) (ne pas presser la pâte).
- Cuire au four à 180°C (350°F) durant 20 minutes.
- Garnir de pêches, de poires, de raisins rouges et verts, de bananes et d'ananas en conserve sans sucre et les badigeonner de sirop de pomme (voir Table des matières).

Un monde de couleurs et de saveurs.

JUS MOUSSEUX AU MELON ROSE

Rafraîchissant et invitant

INGRÉDIENTS	1 PORTION

1　l　(4 t.) de melon rose (pastèque)

VOIR PHOTO PAGE COUVERTURE

PRÉPARATION	5 MIN.

- Peler le melon et le couper en morceaux.
- Enlever les pépins.
- Brasser dans le mélangeur, à grande vitesse, environ 1 minute.

La simplicité même. Un rafraîchissement bien apprécié durant les mois d'été.

Un sucre qui donne de l'endurance

INGRÉDIENTS	3 À 4 PORTIONS

250	ml	(1 t.) de figues
375	ml	(1 1/2 t.) de lait de soya à la vanille
375	ml	(1 1/2 t.) d'eau
15	ml	(1 c. à s.) de noix de pin
15	ml	(1 c. à s.) de poudre de caroube
5	ml	(1 c. à thé) de vanille

PRÉPARATION	5 MIN.
TREMPAGE	2 HEURES

- Faire tremper les figues 2 heures dans l'eau bouillante.
- Jeter l'eau de trempage et équeuter les figues.
- Brasser ensuite dans le mélangeur avec tous les autres ingrédients, à grande vitesse, jusqu'à l'obtention d'une consistance mousseuse.
- Verser dans des coupes à dessert et décorer de noix de coco et de tranches de banane.

Un dessert qui remplace très bien le sucre quand le besoin s'en fait sentir. Au petit déjeuner ou en collation, cette mousse est une bonne source d'énergie.

MOUSSE AUX FRAISES

Hummm! Tout simplement délicieux!

6 PORTIONS

500	ml	(2 t.) de jus de pomme
500	ml	(2 t.) de fraises congelées ou fraiches
3		poires bien mûres
290	g	(10 oz) de tofu mou en crème
125	ml	(1/2 t.) de purée d'abricots séchés
125	ml	(1/2 t.) de purée de raisins secs dorés
15	ml	(1 c. à s.) d'agar-agar en flocons

PRÉPARATION

10 MIN.

- Si vous utilisez des fraises congelées, les faire dégeler à feu doux ou au four à micro-ondes.
- Couper les poires en morceaux.
- Brasser tous les ingrédients dans un mélangeur, à grande vitesse, pour obtenir une belle mousse.

Très nourrissante, elle fait également un excellent petit déjeuner.

MOUSSE AUX PRUNEAUX

Le pruneau, reconnu pour ses nombreux bienfaits

INGRÉDIENTS   4 PORTIONS

375	ml	(1 1/2 t.) de pruneaux dénoyautés
500	ml	(2 t.) d'eau
15	ml	(1 c. à s.) d'agar-agar en flocons
65	ml	(1/4 t.) de noix d'acajou
5	ml	(1 c. à thé) d'essence de vanille ou une goutte d'essence d'érable

PRÉPARATION   10 MIN.
TREMPAGE   6 À 8 HEURES

- Faire tremper les pruneaux dans l'eau froide de 6 à 8 heures, ensuite jeter l'eau de trempage.
- Mettre l'agar-agar dans 500 ml (2 t.) d'eau et laisser tremper 5 minutes.
- Porter à ébullition.
- Réduire le feu et laisser mijoter environ 5 minutes pour dissoudre l'agar-agar.
- Refroidir et brasser dans le mélangeur, à grande vitesse, avec tous les autres ingrédients jusqu'à l'obtention d'une consistance mousseuse.

Favorise en douceur le bon fonctionnement des intestins.

Mes Desserts Délicieux!

MUFFINS À LA SAUCE AUX POMMES

Onctueux pour le palais

INGRÉDIENTS — 12 MUFFINS

500	ml	(2 t.) de dattes dénoyautées
250	ml	(1 t.) d'eau
65	ml	(1/4 t.) d'huile de tournesol pressée à froid
85	ml	(1/3 t.) de jus de pomme non sucré
5	ml	(1 c. à thé) de vanille
500	ml	(2 t.) de farine de blé mou ou d'épeautre
10	ml	(2 c. à thé) de poudre à pâte
2	ml	(1/2 c. à thé) de soda à pâte
250	ml	(1 t.) de pommes jaunes Délicieuse ou Cortland
5	ml	(1 c. à thé) de cannelle
		sauce aux pommes (voir Table des matières)

VOIR PHOTO PAGE 58

PRÉPARATION — 10 MIN.
CUISSON — 40 MIN.

- Peler et couper les pommes en cubes.
- Cuire les dattes dans 250 ml (1 t.) d'eau jusqu'à ébullition.
- Réduire le feu et laisser mijoter environ 10 minutes ou jusqu'à épaississement.
- Refroidir.
- Ajouter l'huile, le jus de pomme, la vanille et brasser.
- Incorporer ensuite la farine, la poudre à pâte, le soda à pâte, les pommes en cubes et la cannelle.
- Mélanger légèrement sans trop brasser.
- Verser la préparation dans des moules à muffins huilés.
- Façonner un trou dans le centre de chaque muffin, sans aller jusqu'au fond, et remplir avec 30 ml (2 c. à s.) de sauce aux pommes.
- Décorer avec un morceau de pomme sur chaque muffin et saupoudrer de cannelle.
- Cuire au four à 180°C (350°F) de 25 à 30 minutes.

MUFFINS AU CITRON ET AU PAVOT

Un doux nuage de citron

INGRÉDIENTS — 10 GROS MUFFINS

375	ml	(1 1/2 t.) de dattes dénoyautées
375	ml	(1 1/2 t.) d'eau
65	ml	(1/4 t.) de jus de citron pressé
5	ml	(1 c. à thé) de tapioca moulu (moudre au moulin à café)
30	ml	(2 c. à s.) de zeste de citron
65	ml	(2 c. à s.) d'huile de tournesol ou de carthame pressée à froid
5	ml	(1 c. à thé) de vanille
15	ml	(1 c. à s.) de graines de pavot
625	ml	(2 1/2 t.) de farine de blé mou
10	ml	(2 c. à thé) de poudre à pâte
2	ml	(1/2 c. à thé) de soda à pâte

PRÉPARATION — 7 MIN.
CUISSON — 35 MIN.

- Cuire les dattes dans 375 ml (1 1/2 t.) d'eau jusqu'à ébullition.
- Réduire le feu et laisser mijoter environ 10 minutes ou jusqu'à épaississement.
- Refroidir.
- Dans une petite casserole, chauffer le jus de citron et le tapioca moulu jusqu'à ébullition.
- Fermer le feu, laisser refroidir et ajouter le zeste de citron.
- Mêler les deux préparations ensemble.
- Ajouter l'huile et la vanille, puis brasser.
- Ajouter les graines de pavot, la farine de blé mou, la poudre à pâte et le soda à pâte, puis mélanger légèrement.
- Verser le mélange dans des moules à muffins huilés.
- Cuire au four à 180°C (350°F) durant 25 minutes.

Un goût de fraîcheur.

Une excellente source de fibres

INGRÉDIENTS	12 MUFFINS

85	ml	(1/3 t.) d'huile de tournesol ou de carthame pressée à froid
175	ml	(2/3 t.) de purée de raisins secs
250	ml	(1 t.) de jus de pomme non sucré
315	ml	(1 1/4 t.) de son
175	ml	(2/3 t.) de raisins secs
750	ml	(3 t.) de farine de blé mou
2	ml	(1/2 c. à thé) de soda à pâte
10	ml	(2 c. à thé) de poudre à pâte
2	ml	(1/2 c. à thé) de cannelle
2	ml	(1/2 c. à thé) de muscade

PRÉPARATION	10 MIN.
CUISSON	25 MIN.

- Mélanger l'huile, la purée de raisins secs, le jus de pomme, le son et les raisins secs.
- Mélanger le reste des ingrédients entre eux puis incorporer au premier mélange en brassant avec une cuillère de bois.
- Verser dans des moules à muffins huilés.
- Cuire au four à 180ºC (350ºF) durant 25 minutes.

Le son est reconnu pour son action bienfaisante sur les intestins.

MUFFINS AUX DATTES ET AUX BANANES

Un délicat parfum de banane

INGRÉDIENTS — 12 MUFFINS

500	ml	(2 t.) de dattes dénoyautées
375	ml	(1 1/2 t.) d'eau
250	ml	(1 t.) de bananes écrasées à la fourchette
65	ml	(1/4 t.) d'huile de soya ou de tournesol pressée à froid
5	ml	(1 c. à thé) de vanille
750	ml	(3 t.) de farine de blé mou
10	ml	(2 c. à thé) de poudre à pâte
2	ml	(1/2 c. à thé) de soda à pâte

ai ajouté 120 ml jus pomme
Cuire 20 min

PRÉPARATION — 10 MIN.
CUISSON — 35 MIN.

- Cuire les dattes dans 375 ml (1 1/2 t.) d'eau jusqu'à ébullition.
- Réduire le feu et laisser mijoter environ 10 minutes ou jusqu'à épaississement.
- Refroidir.
- Ajouter les bananes écrasées, l'huile, la vanille et brasser.
- Mélanger les ingrédients secs entre eux puis incorporer au mélange.
- Brasser légèrement avec une cuillère de bois.
- Verser dans des moules à muffins huilés.
- Cuire au four à 180°C (350°F) environ 25 minutes.

Servis avec une purée de fruits, ces muffins constituent un petit déjeuner toujours apprécié.

L'abondance de nos petits fruits des champs

INGRÉDIENTS	12 MUFFINS

500	ml	(2 t.) de dattes dénoyautées
250	ml	(1 t.) d'eau
65	ml	(1/4 t.) d'huile de tournesol pressée à froid
85	ml	(1/3 t.) de jus de pomme non sucré
1		banane mûre écrasée à la fourchette
15	ml	(1 c. à s.) de vanille
500	ml	(2 t.) de farine de blé mou ou d'épeautre
10	ml	(2 c. à thé) de poudre à pâte
2	ml	(1/2 c. à thé) de soda à pâte
250	ml	(1 t.) de fraises fraîches ou congelées
250	ml	(1 t.) de framboises fraîches ou congelées
250	ml	(1 t.) de bleuets frais ou congelés

VOIR PHOTO PAGE COUVERTURE

PRÉPARATION	10 MIN.
CUISSON	40 MIN.

- Si vous utilisez des fruits congelés, les faire dégeler à feu doux ou au four à micro-ondes.
- Cuire les dattes dans 250 ml (1 t.) d'eau jusqu'à ébullition.
- Réduire le feu et laisser mijoter environ 10 minutes ou jusqu'à épaississement.
- Refroidir.
- Ajouter l'huile, le jus de pomme, la banane, la vanille et brasser.
- Incorporer ensuite la farine, la poudre à pâte et le soda à pâte.
- Mélanger avec une cuillère de bois sans trop brasser.
- Ajouter les fruits puis, avec l'aide d'une spatule, replier la pâte à quelques reprises sans la brasser.
- Verser dans des moules à muffins huilés.
- Cuire au four à 180°C (350°F) durant 30 minutes.

Mes Desserts Délicieux!

PASSION À LA FRAMBOISE

Toute la fraîcheur de l'été

INGRÉDIENTS   4 À 6 PORTIONS

750	ml	(3 t.) de flocons de maïs (*corn flakes*)
125	ml	(1/2 t.) de raisins secs de Corinthe
125	ml	(1/2 t.) de purée de pruneaux
1		banane mûre
750	ml	(3 t.) de framboises fraîches ou congelées
125	ml	(1/2 t.) de sirop de pomme (voir Table des matières)

VOIR PHOTO PAGE COUVERTURE

PRÉPARATION   5 MIN.

- Si vous utilisez des framboises congelées, les épaissir à feu doux à l'aide de 15 ml (1 c. à s.) de tapioca moulu et du sirop de pomme.
- Brasser les flocons de maïs, les raisins secs et la purée de pruneaux dans le mélangeur et à l'aide d'une spatule, une petite quantité à la fois, pour que le mélange soit collant et granuleux.
- Verser dans une assiette à tarte et presser le mélange avec une cuillère pour former une croûte.
- Garnir le fond de tranches de banane.
- Verser les framboises et le sirop de pomme.
- Réfrigérer.

Succulente, légère et fort appréciée.

Durant l'hiver, j'utilise les framboises congelées, que j'épaissis avec 15 ml (1 c. à s.) de tapioca moulu.

Préparation facile

INGRÉDIENTS	2 ABAISSES

625 ml (2 1/2 t.) de farine d'épeautre ou de blé mou
2 ml (1/2 c. à thé) de sel de mer
5 ml (1 c. à thé) de poudre à pâte
85 ml (1/3 t.) d'huile de tournesol pressée à froid
175 ml (2/3 t.) d'eau

PRÉPARATION	5 MIN.
CUISSON	15 MIN.

- Mettre la farine d'épeautre ou de blé mou, le sel de mer et la poudre à pâte dans un bol et bien mélanger.
- Creuser une fontaine (un trou) au centre, puis y verser l'huile et l'eau.
- À l'aide d'une fourchette, brasser le tout en commençant d'abord par le centre.
- Bien mélanger puis rouler.
- Cuire au four à 180ºC (350ºF) de 12 à 15 minutes.

Cette pâte est idéale pour toutes les tartes.

La farine d'épeautre est reconnue pour ses propriétés alcalines. C'est une céréale très douce et son goût est similaire à celui de la farine de blé.

Les pommes, une richesse de chez nous

INGRÉDIENTS	4 PORTIONS

4	grosses pommes Cortland ou autre
60 ml	(4 c. à s.) de raisins secs
	cannelle au goût

PRÉPARATION	5 MIN.
CUISSON	35 MIN.

- Laver les pommes et enlever le coeur. Attention pour ne pas briser le fond.
- Remplir ce trou avec les raisins secs et saupoudrer de cannelle.
- Cuire au four à 180°C (350°F) environ 35 minutes ou au goût.

J'apprécie plus particulièrement ce dessert en automne et en hiver, à cause de la fraîcheur des pommes.

SABLÉ AUX BLEUETS

Tendre et succulent en tout temps

500	ml	(2 t.) de farine de blé mou
65	ml	(1/4 t.) de farine de marante
10	ml	(2 c. à thé) de poudre à pâte
125	ml	(1/2 t. de purée de pommes séchées ou de beurre de pomme
125	ml	(1/2 t.) de raisins secs
85	ml	(1/3 t.) d'huile de tournesol pressée à froid
85	ml	(1/3 t.) de pacanes concassées
85	ml	(1/3 t.) de jus de pomme non sucré
1	ml	(1/4 c. à thé) d'essence d'amande
500	ml	(2 t.) de bleuets frais ou congelés

VOIR PHOTO PAGE 60

PRÉPARATION	10 MIN.
CUISSON	35 MIN.

- Mélanger tous les ingrédients sauf les bleuets.
- Ajouter ensuite les bleuets et mélanger légèrement.
- Huiler un moule de 20 cm X 25 cm (8 po X 10 po) et étendre la préparation.
- Cuire au four à 180°C (350°F) durant 35 minutes.

Simple et facile à préparer. Les bleuets sont toujours appréciés par leur couleur, leur parfum et leur goût exquis.

Une divine combinaison de fruits doux

INGRÉDIENTS	4 PORTIONS

8	abricots frais
6	prunes jaunes
2	bananes
1	mangue
125 ml	(1/2 t.) de noix d'acajou
250 ml	(1 t.) de jus d'abricot non sucré ou au choix

PRÉPARATION	7 MIN.

- Laver les abricots et les prunes.
- Les dénoyauter et les couper en cubes.
- Peler les bananes et la mangue et les couper en cubes.
- Mélanger les fruits et ajouter le jus d'abricot ou tout autre jus selon le goût désiré.

Une grande satisfaction à tous les points de vue.

N.B. Les abricots peuvent être remplacés par 4 pommes jaunes Délicieuse.

SALADE DE FRUITS AUX AGRUMES

Du soleil dans votre assiette

2 Portions

2		oranges
1		kiwi
500	ml	(2 t.) d'ananas en cubes
250	ml	(1 t.) de fraises fraîches
1		pamplemousse rose

PRÉPARATION

7 MIN.

- Peler et couper les fruits en cubes ou en lamelles.
- Mélanger et servir.

Excellente comme petit déjeuner, car les fruits acides apportent de nombreux bienfaits le matin. Sinon, consommer, de préférence, avant un repas. Faible concentration de sucre.

N.B. Si ce n'est pas la saison des fraises, vous pouvez les remplacer en ajoutant deux autres kiwis.

SALADE DE FRUITS AUX TROIS MELONS

Savoureuse, légère et désaltérante

INGRÉDIENTS

4 PORTIONS

500	ml	(2 t.) de cantaloup
500	ml	(2 t.) de melon miel
750	ml	(3 t.) de melon d'eau rose (pastèque)

PRÉPARATION

5 MIN.

- Peler les melons.
- Enlever les pépins et couper en cubes.
- Mélanger délicatement et servir.

Vous pouvez préparer cette salade, si vous le désirez, une heure ou deux avant de la servir.

Les melons étant des solitaires, il est préférable de ne pas les consommer avec d'autres fruits. L'idéal est de les manger avant un repas, au petit déjeuner ou encore en collation.

Mes Desserts Délicieux!

SALADE DE FRUITS ESTIVALE

J'en profite au maximum en saison chaude

4 PORTIONS

500	ml	(2 t.) de bleuets frais
500	ml	(2 t.) de framboises fraîches
2		pêches
500	ml	(2 t.) de raisins verts
5		prunes rouges ou bleues
250	ml	(1 t.) de sirop de pomme (voir Table des matières)
10		cerises fraîches

PRÉPARATION

7 MIN.

- Laver tous les fruits.
- Couper les pêches et les prunes en cubes.
- Mélanger tous les fruits, sauf les cerises, avec le sirop de pomme.
- Décorer avec les cerises.

J'apprécie l'été pour l'abondance des légumes et des fruits frais.

N.B. Le sirop de pomme peut être remplacé par un jus de pomme non sucré.

SALADE DE FRUITS SÉCHÉS

Cette recette m'a grandement aidée à sevrer le sucre

INGRÉDIENTS — **6 À 8 PORTIONS**

250	ml	(1 t.) de raisins secs
125	ml	(1/2 t.) de pruneaux dénoyautés
250	ml	(1 t.) d'abricots séchés
250	ml	(1 t.) de pommes séchées
85	ml	(1/3 t.) de dattes dénoyautées
125	ml	(1/2 t.) de pacanes
65	ml	(1/4 t.) de graines de tournesol

PRÉPARATION — **5 MIN.**

TREMPAGE — **4 HEURES**

- Laver et faire tremper les fruits secs environ 4 heures.
- Jeter l'eau de trempage.
- Mélanger tous les fruits en ajoutant les pacanes et les graines de tournesol et servir.

Le trempage a pour but de permettre une meilleure assimilation car il produit un sucre moins concentré.

Très énergétique, recommandée surtout l'hiver. Idéale avant de faire du ski ou lorsqu'une envie prononcée de sucre apparaît.

Mes Desserts Délicieux!

SAUCE AUX POMMES

Pomme et cannelle, quel délice!

INGRÉDIENTS   SAUCE

750	ml	(3 t.) de pommes jaunes Délicieuse ou Cortland
125	ml	(1/2 t.) de jus de pomme non sucré
30	ml	(2 c. à s.) de concentré de jus de pomme congelé non sucré
30	ml	(2 c. à s.) de tapioca moulu (moudre au moulin à café)
		cannelle au goût

PRÉPARATION   5 MIN.
CUISSON   10 MIN.

- Peler et couper les pommes en petits morceaux.
- Cuire les pommes, le jus de pomme et le concentré de jus de pomme congelé.
- Porter à ébullition et réduire à feu doux environ 8 minutes.
- Ajouter ensuite le tapioca moulu en prenant soin de le délayer avec un peu d'eau ou de jus de pomme avant de l'utiliser.
- Cuire un autre 2 minutes en brassant.
- Brasser la préparation dans le mélangeur pour la mettre en purée.
- Saupoudrer de cannelle.

Peut se servir avec du gâteau, des crêpes, des biscuits ou des muffins.

Sauce Mousseline à l'Érable

Un sucré de bon goût

INGRÉDIENTS   SAUCE

250	ml	(1 t.) de dattes dénoyautées
750	ml	(3 t.) de lait de soya à la vanille
30	ml	(2 c. à s.) d'agar-agar en flocons
30	ml	(2 c. à s.) de tapioca moulu (moudre au moulin à café)
5	ml	(1 c. à thé) d'essence d'érable

PRÉPARATION   **5 MIN.**
CUISSON   **5 MIN.**

- Laver et hacher les dattes.
- Brasser tous les ingrédients dans le mélangeur, à grande vitesse, jusqu'à l'obtention d'une consistance crémeuse.
- Porter ensuite à ébullition.
- Réduire le feu et laisser mijoter quelques minutes.

C'est une collation très nutritive. On peut la servir avec des fruits frais, des biscuits ou du gâteau.

SIROP DE POMME

Succulent et sans aucun des effets du sucre concentré

INGRÉDIENTS	SIROP

250 ml (1 t.) de jus de pomme non sucré

65 ml (1/4 t.) de concentré de jus de pomme congelé non sucré

15 ml (1 c. à s.) de tapioca moulu (moudre au moulin à café)

PRÉPARATION	2 MIN.
CUISSON	3 MIN.

- Porter à ébullition tous les ingrédients.
- Réduire à feu doux et laisser mijoter de 2 à 3 minutes.
- Refroidir.
- Conserver au réfrigérateur un maximum de 7 jours.

Se congèle bien. Servir avec du gâteau, des salades de fruits, des crêpes, du pain doré ou des muffins.

Barres nutritives

INGRÉDIENTS	6 PORTIONS

85	ml	(1/3 t.) de figues
85	ml	(1/3 t.) de pruneaux dénoyautés
85	ml	(1/3 t.) de dattes dénoyautées
85	ml	(1/3 t.) de raisins secs
85	ml	(1/3 t.) d'abricots séchés
85	ml	(1/3 t.) de noix de coco râpée non sucrée
250	ml	(1 t.) de farine de blé mou
250	ml	(1 t.) de flocons d'avoine
250	ml	(1 t.) de flocons de maïs (*corn flakes*)
250	ml	(1 t.) de banane mûre écrasée à la fourchette
15	ml	(1 c. à s.) de vanille
85	ml	(1/3 t.) d'huile de carthame ou de tournesol pressée à froid

VOIR PHOTO PAGE 60

PRÉPARATION	10 MIN.
CUISSON	25 MIN.

- Laver et hacher les fruits séchés.
- Mélanger avec tous les autres ingrédients avec une cuillère de bois sans trop brasser.
- Mettre la préparation dans un moule huilé de 20 cm X 20 cm (8 po X 8 po).
- Cuire au four à 180°C (350°F) durant 25 minutes.

Se congèle très bien. Une collation bonne et nutritive.

TARTE À L'ORANGE ET AU KIWI

Du soleil plein l'assiette

INGRÉDIENTS — 6 PORTIONS

500	ml	(2 t.) de lait de soya nature
125	ml	(1/2 t.) de concentré de jus d'orange pur congelé non sucré
30	ml	(2 c. à s.) de zeste d'orange
30	ml	(2 c. à.s.) de tapioca moulu (moudre au moulin à café)
15	ml	(1.c. à.s.) d'agar-agar en flocons
65	ml	(1/4 t.) de purée d'abricots séchés
125	ml	(1/2 t.) de tofu mou émietté
3		kiwis
1		fond de tarte aux flocons de maïs ou au choix

PRÉPARATION — 5 MIN.
CUISSON — 8 MIN.

- Brasser tous les ingrédients dans le mélangeur, à grande vitesse, sauf les kiwis.
- Cuire à feu doux environ 8 minutes.
- Verser la préparation refroidie dans un fond de tarte au choix.
- Couper les kiwis en tranches et en lamelles pour décorer.

J'utilise aussi cette préparation pour accompagner les crêpes, les galettes de sarrasin ou encore les muffins.

À tous les amateurs de noix de coco

INGRÉDIENTS		6 PORTIONS

250	ml	(1 t.) de noix de coco râpée non sucrée
625	ml	(2 1/2 t.) de jus de poire non sucré
30	ml	(2 c. à s.) de tapioca moulu (moudre au moulin à café)
85	ml	(1/3 t.) de pommes séchées
5	ml	(1 c. à thé) d'essence de noix de coco
1		fond de tarte au choix

PRÉPARATION	5 MIN.
CUISSON	10 MIN.

- Brasser tous les ingrédients dans le mélangeur, à grande vitesse, environ 2 minutes.
- Cuire à feu doux environ 10 minutes.
- Laisser refroidir.
- Verser dans un fond de tarte aux flocons de maïs ou un autre au choix.
- Décorer avec de la noix de coco, des dattes et des morceaux de poires.

Un succulent dessert de la nature avec des sucres énergétiques.

TARTE À LA VANILLE

Un bon petit goût de vanille, légèrement sucré

INGRÉDIENTS	6 PORTIONS

625	ml	(3 1/2 t.) de lait de soya à la vanille
125	ml	(1/2 t.) de purée d'abricots séchés
15	ml	(1 c. à s.) de vanille
15	ml	(1 c. à s.) d'agar-agar en flocons
60	ml	(4 c. à s.) de tapioca moulu (moudre au moulin à café)
1		fond de tarte au choix

PRÉPARATION	5 MIN.
CUISSON	10 MIN.

- Brasser tous les ingrédients dans un mélangeur, à grande vitesse, pour obtenir une consistance crémeuse.
- Cuire à feu très doux environ 10 minutes en brassant.
- Verser dans un fond de tarte.
- Décorer avec des framboises.

Cette préparation peut être versée dans des coupes à dessert et décorée avec des bleuets ou des fruits au goût.

Remplace la tarte au chocolat

INGRÉDIENTS	6 PORTIONS

835	ml	(3 1/3 t.) de lait de soya au caroube suprême
85	ml	(1/3 t.) de purée de dattes
5	ml	(1 c. à thé.) d'essence de vanille
45	ml	(3 c. à s.) de tapioca moulu (moudre au moulin à café)
15	ml	(1 c. à s.) de farine de marante
1		grosse banane mûre
1		fond de tarte au choix

PRÉPARATION	5 MIN.
CUISSON	10 MIN.

- Cuire 750 ml (3 t.) de lait de soya au caroube suprême, les dattes et la vanille à feu doux en brassant jusqu'à ébullition.
- Délayer le tapioca moulu et la farine de marante avec 85 ml (1/3 t.) de lait de soya au caroube suprême, puis verser lentement, en brassant, dans la préparation déjà bouillante.
- Laisser mijoter de 1 à 2 minutes et refroidir.
- Trancher la banane et déposer dans un fond de tarte au choix.
- Verser la préparation sur les bananes et décorer avec de la noix de coco ou des noix de pin.

Je m'en sers aussi comme bagatelle avec du gâteau ou je la présente dans des coupes, ce qui fait un délicieux pouding.

Un goût des tropiques

INGRÉDIENTS		6 PORTIONS
1		boîte d'ananas de (540 ml, 19 oz) en tranches ou en cubes non sucré
85	ml	(1/3 t.) de concentré d'ananas pur congelé non sucré
15	ml	(3 c. à s.) de tapioca moulu (moudre au moulin à café)
1		goutte d'essence de noix de coco (facultatif)
65	ml	(1/4 t.) de noix de coco râpée non sucrée
1		fond de tarte au choix

PRÉPARATION	5 MIN.
CUISSON	5 MIN.

- Brasser l'ananas en boîte et son jus dans le mélangeur, à basse vitesse, afin de broyer les ananas sans les rendre en purée.
- Cuire ensuite avec tous les autres ingrédients de 4 à 5 minutes à feu moyen.
- Verser dans un fond de tarte au choix.
- Décorer avec des rondelles d'ananas et des raisins rouges ou des cerises fraîches.
- Réfrigérer quelques heures avant de servir.

Ce mélange se sert très bien nappé de coulis de framboises dans des coupes à dessert.

TARTE AUX BANANES ET AUX DATTES

Douce, crémeuse et savoureuse

625	ml	(2 1/2 t.) de lait de soya à la vanille
125	ml	(1/2 t.) de purée de dattes
5	ml	(1 c. à thé) d'essence d'érable ou de vanille
60	ml	(4 c. à. s.) de tapioca moulu (moudre au moulin à café)
125	ml	(1/2 t.) de noix de coco râpée non sucrée
2 à 3		bananes en tranches
1		fond de tarte au choix

PRÉPARATION   **5 MIN.**

CUISSON   **6 À 8 MIN.**

- Brasser tous les ingrédients dans le mélangeur, sauf les bananes.
- Cuire à feu doux de 6 à 8 minutes en brassant.
- Laisser refroidir un peu.
- Tapisser un fond de tarte de tranches de bananes.
- Verser la préparation sur les bananes et garnir avec des fruits au choix.

Je me sers aussi de cette crème veloutée pour accompagner gâteaux et biscuits.

Exquise et bienfaisante pour la santé

INGRÉDIENTS	6 PORTIONS

500	ml	(2 t.) de bleuets frais ou congelés
375	ml	(1 1/2 t.) de jus de raisin non sucré
85	ml	(1/3 t.) de purée d'abricots séchés
85	ml	(1/3 t.) de purée de dattes
45	ml	(3 c. à s.) de tapioca moulu (moudre au moulin à café)
85	ml	(1/3 t.) de noix de pin (facultatif)
1		fond de tarte au choix

VOIR PHOTO PAGE 57

PRÉPARATION	5 MIN.
CUISSON	5 MIN.

- Mélanger tous les ingrédients sauf les noix de pin et porter à ébullition.
- Réduire le feu et laisser mijoter de 3 à 5 minutes.
- Laisser refroidir.
- Verser dans un fond de tarte et décorer avec les noix de pin.

Le bleuet a un effet direct et bénéfique sur le pancréas. C'est un sucre régénérateur.

TARTE AUX FRAISES

À faire frémir les papilles

INGRÉDIENTS   6 Portions

500	ml	(2 t.) de fraises fraîches ou congelées
375	ml	(1 1/2 t.) de jus de pomme non sucré
85	ml	(1/3 t.) de purée de pommes séchées
85	ml	(1/3 t.) de purée de raisins secs dorés
15	ml	(1 c. à s.) d'agar-agar en flocons
45	ml	(3 c. à s.) de farine de marante
65	ml	(1/4 t.) de jus de pomme non sucré
2	ml	(1/2 c. à thé) d'essence de fraises ou de vanille
1		fond de tarte au choix

PRÉPARATION   5 MIN.
CUISSON   5 MIN.

- Cuire ensemble les fraises, 375 ml (1 1/2 t.) de jus de pomme non sucré, la purée de pommes séchées, la purée de raisins secs dorés et l'agar-agar en flocons.
- Porter à ébullition.
- Réduire le feu et laisser mijoter de 2 à 3 minutes.
- Délayer la farine de marante avec 65 ml (1/4 t.) de jus de pomme non sucré et ajouter l'essence de fraises ou de vanille.
- Verser ensuite lentement, en brassant, dans la première préparation.
- Laisser mijoter de 1 à 2 minutes pour épaissir le mélange.
- Retirer et verser dans un fond de tarte au choix.

La bonne odeur des fraises nous fait saliver. Une saveur typique de chez nous et appréciée de tous.

Quel sain plaisir durant l'été que de cueillir les fraises dans les champs!

Mes Desserts Délicieux!

TARTE AUX FRAISES ET À LA RHUBARBE

Une fraîcheur estivale bien de chez nous

INGRÉDIENTS		6 PORTIONS

750	ml	(3 t.) de fraises fraîches ou congelées
250	ml	(1 t.) de rhubarbe fraîche ou congelée
500	ml	(2 t.) de jus de pomme non sucré
190	ml	(3/4 t.) de purée de dattes ou d'abricots séchés
85	ml	(1/3 t.) de tapioca moulu (moudre au moulin à café)
2		abaisses de tarte à la farine d'épeautre ou de blé mou

PRÉPARATION	10 MIN.
CUISSON	30 MIN.

- Mélanger tous les ingrédients et cuire à feu doux environ 6 minutes.
- Verser la préparation sur une abaisse et recouvrir de l'autre.
- Cuire au four à 180°C (350°F) environ 25 minutes.

N.B. Si vous utilisez de la rhubarbe fraîche, il est préférable de la faire tremper dans l'eau de 6 à 8 heures pour atténuer son goût suret.

Un dessert savoureux servi avec un riz glacé à la vanille ou aux fraises.

Mes Desserts Délicieux!

Un goût velouté et onctueux

INGRÉDIENTS		6 PORTIONS

8		pêches fraîches pelées ou 1 boîte (790 ml, 28 oz) de pêches en conserve, non sucrées, rincées et égouttées
500	ml	(2 t.) de jus de fruits de la passion
60	ml	(4 c. à s.) de farine de marante
85	ml	(1/3 t.) de jus de fruits de la passion
5	ml	(1 c. à thé) d'essence de vanille
1		fond de tarte au choix

PRÉPARATION	5 MIN.
CUISSON	8 MIN.

- Couper les pêches en cubes.
- Cuire les pêches dans 500 ml (2 t.) de jus de fruits de la passion et amener à ébullition.
- Réduire la chaleur et laisser mijoter environ 5 minutes.
- Délayer la farine de marante avec 85 ml (1/3 t.) de jus de fruits de la passion et ajouter l'essence de vanille.
- Ajouter lentement la farine délayée, en brassant, à la préparation chaude.
- Laisser mijoter environ 1 minute.
- Verser dans un fond de tarte au choix.

Cette préparation peut aussi être servie dans des coupes à dessert ou peut tout simplement accompagner un gâteau ou des crêpes.

Un bon petit goût d'automne

INGRÉDIENTS   12 PORTIONS

6 à 8		pommes Cortland de grosseur moyenne
500	ml	(2 t.) de jus de pomme non sucré
85	ml	(1/3 t.) de concentré de jus de pomme congelé non sucré
85	ml	(1/3 t.) de jus de pomme non sucré
45	ml	(3 c. à s.) de tapioca moulu (moudre au moulin à café)
		cannelle au goût
2		fonds de tarte au choix

PRÉPARATION   10 MIN.
CUISSON   5 MIN.

- Couper les pommes en quartiers.
- Cuire les pommes dans 500 ml (2 t.) de jus de pomme non sucré et 85 ml (1/3 t.) de concentré de jus de pomme congelé non sucré.
- Porter à ébullition et ensuite réduire à feu doux.
- Délayer le tapioca moulu avec 85 ml (1/3 t.) de jus de pomme non sucré et ajouter lentement, en brassant, à la préparation chaude.
- Laisser mijoter de 3 à 5 minutes (les pommes doivent rester en quartiers et être un peu croquantes).
- Verser cette préparation dans les deux fonds de tarte.
- Saupoudrer de cannelle.

Si vous préférez un goût plus sucré, ajoutez 30 ml (2 c. à s.) de beurre de pomme dans la cuisson. Cette préparation peut être congelée sans problème.

Mes Desserts Délicieux!

Irrésistibles et savoureux

INGRÉDIENTS   **18 TOURBILLONS**

PARTIE 1

500	ml	(2 t.) de framboises fraîches ou congelées
85	ml	(1/3 t.) de purée de raisins secs dorés
30	ml	(2 c. à s.) de tapioca moulu (moudre au moulin à café)

Suite page suivante

PRÉPARATION   **2 MIN.**

CUISSON   **5 MIN.**

- Cuire tous les ingrédients à feu très doux durant 5 minutes.
- Refroidir.

Suite page suivante

Hummm !

18 Tourbillons

PARTIE 2

85	ml	(1/3 t.) d'huile de tournesol pressée à froid
125	ml	(1/2 t.) de purée de raisins secs dorés
500	ml	(2 t.) de farine de blé mou
5	ml	(1 c. à thé) de poudre à pâte

VOIR PHOTO PAGE 58

PRÉPARATION	5 MIN.
CUISSON	20 MIN.

- Mélanger l'huile avec la purée de raisins secs dorés.
- Ajouter ensuite la farine, la poudre à pâte et brasser légèrement avec une fourchette pour former une boule.
- Couper la boule de pâte en deux.
- Rouler chacune des boules sur une planche enfarinée en formant un rectangle d'environ 6 mm (1/4 po) d'épaisseur.
- Napper les deux rectangles de pâte avec la garniture de framboises.
- Rouler délicatement.
- Réfrigérer 2 heures et couper en tranches.
- Placer les tranches sur une tôle à biscuits huilée.
- Cuire à 180°C (350°F) durant 20 minutes.

Un vrai régal en tout temps.

TROTTOIR AUX RAISINS ET AUX PRUNEAUX

Saveur douce et sucrée

INGRÉDIENTS

6 à 8 PORTIONS

375	ml	(1 1/2 t.) de raisins secs
250	ml	(1 t.) de pruneaux dénoyautés
500	ml	(2 t.) d'eau
250	ml	(1 t.) de jus de pruneaux
45	ml	(3 c. à.s.) de tapioca moulu (moudre au moulin à café)
15	ml	(1 c. à s.) de farine de marante
15	ml	(1 c. à.s.) de vanille
3	ml	(3/4 c. à thé) de cannelle
3	ml	(3/4 c. à.thé) de muscade
2		abaisses de tarte à la farine d'épeautre ou de blé mou

VOIR PHOTO PAGE 59

PRÉPARATION
10 MIN.

CUISSON
30 MIN.

- Laver les raisins secs et les pruneaux.
- Hacher les pruneaux en petits morceaux.
- Mêler les raisins secs, les pruneaux, l'eau, le jus de pruneaux, le tapioca, la farine de marante et la vanille.
- Cuire à feu doux environ 8 minutes.
- Ajouter la cannelle et la muscade.
- Verser la préparation sur une abaisse de tarte et recouvrir avec l'autre abaisse coupée en lamelles.
- Croiser les lamelles pour former un trottoir.
- Cuire au four à 180°C (350°F) environ 20 minutes.

C'est un mélange idéal pour aider les intestins à mieux fonctionner.

VELOUTÉ AUX PÊCHES

Un dessert rapide et savoureux

2 PORTIONS

250	ml	(1 t.) de jus de pêche ou de calypso non sucré
30	ml	(2 c. à s.) de jus de citron
30	ml	(2 c. à s.) d'agar-agar en flocons
15	ml	(1 c. à s.) de tapioca moulu (moudre au moulin à café)
18		amandes
1		goutte d'essence d'amande
4		pêches dénoyautées

PRÉPARATION — 5 MIN.

CUISSON — 5 MIN.

- Mélanger le jus de pêche ou de calypso, le jus de citron, l'agar-agar, le tapioca moulu et laisser reposer 5 minutes.
- Porter à ébullition.
- Réduire à feu doux et laisser mijoter 5 minutes.
- Laisser refroidir un peu.
- Brasser dans le mélangeur en ajoutant les amandes, l'essence d'amande et les pêches.
- Fouetter à grande vitesse pour en faire une crème veloutée.
- Verser dans des coupes et garnir d'amandes effilées.
- Réfrigérer 2 heures avant de servir.

Ce dessert complète très bien un repas léger ou se transforme en un succulent petit déjeuner.

Cours de Cuisine

Colombe Plante
Cours de Cuisine Végétarienne

16.95$

Cours

1- Cours de base (Consiste à apprendre à bien nourrir son corps par une alimentation saine)

2- Cours intermédiaires (Les desserts sans sucre, le seitan, les soirées de fêtes, le menu d'été, le pain)

3- Cours avancé (Combinaisons alimentaires)

1 soir/sem. pendant 5 semaines

ou

Atelier de fin de semaine (2 jours)

Colombe Plante

(514) 445-5182
Cours de cuisine végétarienne
C.P. Jacques-Cartier
B.P. 21060
Longueuil (Québec)
J4J 5J4

16.95$

Le livre de cuisine végétarienne dont tout le monde parle!

<u>10, 000 exemplaires vendus!</u>

En vente dans tous les bons magasins d'alimentation naturelle et les librairies.

Éditions et Distributions l'Art de s'Apprivoiser

Livre Les Yeux de l'intérieur Roman	16.95
With An Open Heart (V.A.) Roman	16.95
Livre l'Art de s'Apprivoiser	16.95
Ami l'enfant des Étoiles Roman	9.95
La Rose Parmi Les Pissenlits Roman	9.95
Le Pardon	7.95
Je mange avec la nature (Livre de cuisine)	16.95
Je mange les desserts de la nature	13.95
Hémémoie (Livre pour Enfant)	7.95
Luvmemore (V.A. Livre pour Enfant)	7.95
Agenda Prospérité **(Perpétuel)**	9.95
Jeu l'Art de s'Apprivoiser	18.95
Jeu Les Yeux de l'intérieur	19.95
Jeu Prospérité	9.95

Éditions et Distributions l'Art de s'Apprivoiser
172, des Censitaires, Varennes (Québec) J3X 2C5
Tél.: (514) 929-0296 Fax: (514) 929-0220

BON DE COMMANDE POSTALE

Tous les prix sont sujets à changements sans préavis.

PRODUIT	QTÉ	TOTAL
SOUS-TOTAL		
TPS 7%		
MANUTENTION		
TOTAL		

Livraison 2 semaines

Québec:	3.00 $
Canada:	4.00 $
États-Unis:	5.00 $

Europe et Martinique

	BATEAU	AVION
1 À 10 ITEMS =	15.00$	32.00$
11 À 20 ITEMS =	18.00$	34.00$
21 À 39 ITEMS =	21.00$	45.00$
40 & PLUS =	APPELEZ-NOUS	

FRAIS DE MANUTENTION

U QUÉBEC PAIEMENT PAR CHÈQUE OU MANDAT-POSTE À L'ORDRE DE:
Art de s'Apprivoiser 172, des Censitaires, Varennes, Qc, Canada J3X 2C5

EUROPE et ÉTATS-UNIS: par carte de crédit:

VISA

MASTERCARD

NUMÉRO ☐☐☐☐☐☐☐☐☐☐☐☐☐☐☐☐ EXP.: ☐☐ ☐☐
MOIS ANNEE

Nom du titulaire: _____

Signature: _____

Adresse: _____ Ville: _____

Tél: résidence ( ) _____ Tél: travail ( ) _____

COMMANDE AVEC CARTE DE CRÉDIT

TÉLÉPHONE 514-929-0296 OU TÉLÉCOPIEUR 514-929-0220